Bibliografische Information der Deutschen Nationalbibliothek: Die Deutsche Nationalbibliothek verzeichnet diese Publikation in der Deutschen Nationalbibliografie; detaillierte bibliografische Daten sind im Internet über dnb.dnb.de abrufbar.

© 2018 Marvin Petersen
Herstellung und Verlag: BoD – Books on Demand, Norderstedt
ISBN 978-3-7460-9557-8

Bücher zu verbrennen, wenn
einem zu kalt ist, ist
genauso sinnvoll, wie sie zu
lesen, wenn man zu dumm ist.

Ein Arzt, der nichts findet,
ist für uns ein schlechter
Arzt. Ein guter Arzt, der
etwas findet, ist für uns ein
schlechter Arzt, wenn er uns
nichts verschreibt.

Wer denkt, im Regen wird man nass, der stand noch nicht angezogen in der Dusche.

Deko sind Gegenstände, für
die man Geld bezahlt, um sie
später nicht zu benutzen.

Lebe heute, denn wer im
Gestern lebt, leidet, und wer
im Morgen lebt, lebt nicht.

Ein Stein ist nur ein Stein,
doch wenn er fliegt, ist er
eine Botschaft.

Geld ist die Peitsche der
Sklaventreiber von heute.

Das wertvollste
Zahlungsmittel auf dieser
Welt ist unsere Lebenszeit.

Abhängigkeit ist die neue
Form der Sklaverei.

Arbeit, die man des Geldes
wegen macht, ist immer
Ausbeutung.

Wer hart arbeitet, um gerade
über die Runden zu kommen,
ist immer ein Sklave.

Ohne Bauern keine Ernte.

Leben ist immer eine Art von etwas.

Bewusstsein heißt sich zu öffnen.

Wer will schon an einem verregnetem Tag für seinen Job das Haus verlassen, außer eine Pflanze, die wachsen will?

Wenn die Möglichkeiten
ausgeschöpft sind, dann
versuche das Unmögliche.

Manchmal muss man loslassen,
um frei zu sein.

Den Tod sehen wir täglich,
doch nicht das, was uns Leben
lässt.

Das Glas ist halb voll oder
halb leer oder keines von
beiden.

Prominente sind die
Hampelmänner für die
Schatten, die bestimmen.

Mitarbeiter sind Menschen,
die jeden Monat ihre Rente
einzahlen, um auf den zu Tod
warten.

Manchmal muss man etwas
niederbrennen, um etwas Neues
zu erschaffen.

Etwas Altes zu zerstören ist
immer der falsche Weg, aber
dafür geht es sehr schnell.

Echte Helden erkennt man an
den Schicksalen, die sie
überstehen, ohne sich selbst
zu verlieren.

Der Schleier der Nacht schürt
Kräfte für einen neuen Tag.

Tränen sind der kürzeste Weg,
um zur Freue zurückzufinden.

Das Schwerste am
Superheldenleben ist der
Gürtel mit dem Zubehör.

Wer nichts hat, ist
glücklich, selbst wenn er
alles gebrauchen könnte, was
er nicht hat.

Die besten Ideen scheitern an
der Realisierung.

Wissenschaft ist für alle,
die zweifeln ohne Beweise,
Religion ist für alle, die
folgen, ohne zu denken, und
Dummheit ist für all jene,
die blind auf etwas
vertrauen ...

Alle reden von Gott, doch sie
gucken nie in den Spiegel.

Du kannst einen Gott weder sehen noch verstehen, denn du bist es selbst.

Viele radikalisieren die Religion, doch das Radikale sind nicht die Ansichten für eine Sache selbst, sondern die Menschen, welche meinen, es ist der einzige Weg.

Gott hat den Menschen Waffen
gegeben, um den ganzen
Arschlöchern auf der Welt
eine Kugel zu verpassen.

Waffen sind Gottes Geschenke
gegen das Schlechte in der
Welt.

Liebe kann man nicht kaufen,
alles andere schon.

Nichts macht glücklich,
deshalb habe ich nichts außer
Glückseligkeit.

Wer selbstlos handelt, der
handelt ohne Schuld.

Zeit ist ein nur Medium, um
Menschen ihre Vergänglichkeit
bewusst zu machen.

Eine Welt, in der jeder ein Krieger ist, braucht keine Kriege.

Manchmal muss man eine
Schlacht verlieren, um einen
Krieg zu gewinnen.

Ohne Wünsche keine Ziele.

Ohne Hoffnung kann es auch
kein Leid geben.

Die besten Worte bestehen
manchmal nur aus Schweigen.

Man kann lenken, um zu
führen, aber man kann nicht
führen, um etwas zu lenken.

Mit einer Schaufel kann man
ein Grab ausheben, man kann
aber auch einen Schutzwall
bauen.

Man muss kämpfen, um zu
leben, doch wer nie kämpft,
wird niemals leben.

Menschen sagen dir, wer du
bist, doch wenn du nicht das
bist, was sie sagen, dann
bist du allein.

Sie versuchen einem
einzureden, die Welt sei
schlecht, doch wenn man sie
ändern will, dann ist man für
viele nur ein Terrorist.

Der Nebel der Ungewissheit
wirft seine auf Schatten uns.

Man sollte Menschen nicht therapieren, nur weil sie nicht dazugehören.

Die Welt ist schlecht für all
jene, welche nur eines sehen
wollen.

Die Welt ist gut für alle,
die nicht sehen wollen.

Kriege sind kein Mittel zum Zweck, doch sie sind eine gute Möglichkeit, auch scheinheilige Pläne zu verschleiern.

Es gibt keine Unterdrücker,
die Unterdrücker sind der
Staat selbst.

Man kann Kämpfe nur gewinnen,
indem man verliert, denn
nicht zu kämpfen, ist meist
die größere Herausforderung.

Wir brauchen keine Polizei,
um das Recht einzuhalten, wir
brauchen sie, um uns gegen
uns selbst zu schützen.

Nur wer alles lernt, kann
Gefahren erkennen und rechte
Wege weisen.

Es gibt kein Paradies für
Attentäter, aber es gibt eins
ohne sie.

Es gibt keinen Gott, denn wahrhaft Göttliches steckt in allem, was uns umgibt und uns zu dem macht, was wir sind.

Krieg ist Zeichen dafür, das
intelligente Bomben
überzeugender sind als Worte.

Man sollte nicht in einer
Gaskammer rauchen ...

Man sollte nicht aufgeben,
bevor man nicht das Ende der
Geschichte kennt.

Man kann Menschen nicht mit
Folter zur Wahrheit bekehren,
aber es kann sie dazu
bringen, das zu sagen, was
man hören will ...

Wenn gute Menschen ihr
letztes Hemd geben, dann
frieren sie wahrscheinlich im
Winter ...

Nur weil man nur den Horizont
sieht, heißt es nicht, dass
man dahinter vom Rand
fällt ...

In Wahrheit gibt es keine Sucht, es gibt nur Gewohnheit, von der wir uns nicht trennen können.

Sich nicht zu sehen, bedeutet
nicht, sich nicht zu
lieben ...

Die Liebe muss nicht objektiv
sein, aber man sollte es
objektiv angehen und seine
tiefen Gefühle zusammen
erforschen ...

Wenn ich die Nachrichten
einschalte, brauche ich keine
Horrorfilme mehr sehen.

Ein guter Mensch zu sein,
heißt zu verzeihen, denn am
Ende ist es immer unser aller
Schuld.

Gute Menschen helfen anderen
in Not, schlechte Menschen
schlachten sie in den Medien
aus ...

Man muss kein Täter werden,
um Schlechtes zu tun, es
reicht zuzugucken.

Etwas nicht zu sehen, heißt
nicht, dass es nicht da ist.

Wenn man die Tauben füttert,
muss man damit rechnen, dass
sie einem das nächste Mal auf
die Karre scheißen.

Keine Folter kann sich messen
mit den Qualen der Liebe und
nichts misst sich mit ihrer
Schönheit.

Es sind nicht die Drogen, die
uns abhängig machen, es sind
die Probleme, die wir
vergessen wollen.

Du findest die Liebe nicht,
aber die Einsamkeit findet
dich.

Glaube heißt nicht, etwas zu sehen, das nicht da ist, es heißt vielmehr, barmherzig zu sein, weil es richtig ist und nicht irgendwo steht.

Die Umwelt zu schützen, heißt nicht, dass man ein Öko ist, es bedeutet nur, an einer besseren Zukunft zu arbeiten.

Wenn Fleisch essen Mord ist,
was sind dann bitte Soja-
Plantagen im Regenwald?

Auch wenn alles schlecht
scheint, ist manches gut.

Auch wenn alles perfekt
scheint, muss nicht alles gut
sein.

Auch wenn etwas falsch
scheint, kann es das einzig
Richtige sein.

Veganer sind Blumenmörder.

Wer hetzt für das Gestern,
ist heute der Hetzer von
gestern.

Wer heute für die Vergangenheit verurteilt, ist nicht besser als jene, die in der Vergangenheit verurteilt haben.

Wenn Warlords mit ihren
Waffen einen Völkermord
unterstützen, was
unterstützen dann
Kriegsreporter mit ihrem
Journalismus?

Wenn du Angst hast, als Warlord ins Gefängnis zu gehen, werde Nachrichtenreporter und mache es legal.

Nachrichten sind der beste
Weg, um mit Krieg Geld zu
verdienen und noch einen
Orden zu bekommen, dass man
so tapfer war.

Selbst in der größten Stille
hört man oft nur den Knall
des Donners.

Das Problem bei einem
Psychopathen ist, dass sie
meistens die besten Nachbarn
sind.

Je sauberer die Wohnung ist,
desto schmutziger ist der
Keller.

Schönheit ist nicht das
Ideal, dass Ideal ist, wer
wir sind, um schön zu sein.

Gesetze verändern die
Menschen, Ideale verändern
die gesamte Menschheit.

Es ist besser, sich für Dinge zu entschuldigen, die man nicht getan hat, als für etwas zu büßen ohne eine Schuld.

Zuhören ist oft wichtiger als das, was eigentlich gesagt wird.

Nichts endet jemals, es
ändert sich nur mehrmals.

Es ist egal, wen man liebt,
Hauptsache, es ist für immer.

Es ist alles egal und nichts
spielt eine Rolle, wenn die
Liebe echt ist, dann ist
alles wahrhaftig.

Neues Theater ist die Kunst,
im Kreis zu laufen und zu
schreien.

Würden die größten Künstler
von damals das Theater von
heute sehen, dann wären sie
wohl eher Kritiker
geworden ... oder Boxer.

Die Kunst bei einer
Neuinszenierung in einem
Theater ist es, so eine ganze
Farce zwei Stunden
auszuhalten.

Warten ist keine Kunst, aber
es ist eine Qual für alle,
die lieben.

Kein Mensch ist schlecht! Es
ist die Einsamkeit, die ihn
antreibt, Schlechtes zu tun,
und es ist die Liebe, die
alles in Gutes verändert.

Man ist niemals verloren,
wenn man etwas hat, auf das
man warten kann.

Hoffnungslosigkeit kennen nur
die Menschen, die keine wahre
Liebe kennen.

Um Dinge, die einem nichts
bedeuten, kämpft man nicht,
sie sind einem egal.

Wenn man einen Menschen
wirklich liebt, dann gibt man
ihn niemals auf.

Fehler machen uns nicht
schlechter, sie zeigen uns,
wem wir wirklich etwas
bedeuten.

Man kann keinen Kampf
verlieren, wenn man immer der
Erste ist, der sich ergibt.

Es ist leichter, einen Kampf
zu gewinnen, wenn man anderen
das Messer in den Rücken
rammt.

Schwäche zu gestehen, zeugt oft von größerem Mut, als den Weg des Kriegers zu gehen.

Egal wie dunkel manche Gassen
auch sind, das Licht zeigt
dir den richtigen Weg.

Wer immer denselben Punkt
fixiert, wird niemals merken,
wie viel Zeit man doch hat.

Eine Freundschaft, die kleine
Geschenke fordert, um
erhalten zu werden, ist keine
Freundschaft.

Wenn das Leben Dünnschiss
ist, weißt du, wo das
Nüsschen ist.
Weil man mit Dünnschiss immer
flüssig ist.

Wer immer nur Nachrichten
schreibt, wird nie das Glück
haben, sympathische Menschen
zu treffen.

Dinge sind immer nur
unmöglich bis zu dem
Zeitpunkt, an dem sie jemand
baut.

Wir alle sind ein Darm mit
Bein und Arm.

Es ist besser, das Hirn aus-
und das Leben anzuschalten,
als den Fernseher
anzuschalten und das Leben
auszuschalten.

Wenn etwas nicht klappt, dann
klapppt sicher das Nächste.

Das Leben ist zu kurz zum Langsamfahren.

Herausforderungen sind was
für Menschen, die sich wegen
ihrer
Minderwertigkeitskomplexe
unter Beweis stellen müssen.

Es geht nicht um Siege oder Niederlagen, sondern darum, dass man sich stellt.

In Bus und Bahn tummelt sich
der der Abschaum der
Gesellschaft und ich gehöre
dazu.

Musik ist etwas für Menschen,
die verlernt haben, der Welt
zuzuhören.

Ein Zug fährt immer auf zwei
Gleisen in den Tunnel.

Zugverkehr funktioniert nur
mit vielen Gleisen.

Ein Zug, der nicht in den
Tunnel fährt, ist meist eine
Straßenbahn.

Die Welt kann man kaufen,
doch den Ruhm muss man sich
erarbeiten.

Man darf machen, was man will, Hauptsache, man macht es richtig.

Man braucht keine Gesetze und Regeln, um zu wissen, was das Richtige ist.

Die Welt ist nur so gut, wie
wir sie machen, jeder
Einzelne von uns.

Bremsen müssen nur Leute, die
Angst vorm Tod haben.

Unvollkommenheit macht
Menschen perfekt.

Man kann im Leben nichts
falsch machen, man kann
manche Dinge nur besser
machen.

Souveräne Gesetze schützen
Monopole vor Gerechtigkeit.

Restriktives Recht schützt
Arm und Reich vor
Gleichberechtigung.

Die echten Schätze verbergen
sich meistens hinter einer
Menge Müll.

Schätze findet nur, wer
danach sucht.

Antiquitäten haben meist den
größeren Wert.

Wenn die Schwachen kein Recht auf Macht haben dürfen, dann dürfen die Machthaber alles tun, um im Recht zu sein.

Berichterstattung ist nichts
mehr als psychologischer
Krieg.

Demokratie ist nur ein
anderes Wort dafür, dich zu
bücken.

Demokratie heißt, seinen
Arsch für Leute hinzuhalten,
die man sich nicht ausgesucht
hat.

Ein System, in welchem die Guten bestraft und die Bösen belohnt werden, nennt sich freie Demokratie.

Lass jemand leben und er wird zum Idol, lass jemand sterben und er wird zur Legende.

Je größer der Sturm, umso
süßer der nächste Morgen.

Fliegen ohne Liebe ist ein
Bedürfnis, Fliegen mit Liebe
ist eine Erfüllung.

Nur die Zeit macht die Helden.

Wer nicht das Unmögliche
versucht, wird auch am
Möglichen scheitern.

Nur wer hoch fliegt, kommt schnell ans Ziel.

Andere sind die Steine, die
dem Erfolg im Weg liegen.

Schwere Bürden machen die schönen Momente im Leben umso wertvoller.

Arbeit ist nur ein anderes
Wort für Sklaverei.

Der Sklave von heute schreibt
eine Bewerbung.

Je mehr man hat, desto mehr braucht man.

Je weniger man hat, desto
mehr hat man wirklich.

Das Gesetz soll keine guten Menschen vor Gewalt schützen, sondern die Unterdrücker vor Vergeltung bewahren.

Therapien sind nichts anderes
als Gehirnwäschen für
Andersdenkende.

Einzigartigkeit hat uns bis
in den Weltraum gebracht,
kollektives Denken brachte
uns den Holocaust und über 80
Millionen Tote.

Den seelenlosen Blick sehen meist nur die Affen, bei den Menschen im Zoo.

Arbeite nicht, um auf den Tod
zu warten, lebe! Denn früher
oder später holt er dich
sowieso.

Leben heißt nicht, etwas zu
kaufen, es heißt vielmehr,
etwas zu erfahren, was man
nicht bezahlen kann.

Minimalismus bedeutet nicht, nichts zu haben, es bedeutet, mit nichts glücklich sein zu können.

Arbeit ist nur der Tod auf
Raten.

Heutzutage gibt uns nur noch
der Tod eine echte Garantie.

Modelshows machen Kinder mit
Einschaltquoten zu Nutten.

Auf derselben Welle sein
heißt nicht, im selben Meer
zu schwimmen.

Charisma bedeutet nicht,
jemandem zu gefallen, es
bedeutet, wahrhaftig zu sein.

Ein Engel zu sein bedeutet
nicht, fliegen zu können,
fliegen zu können bedeutet
nicht, ein Engel zu sein.

Früher waren die Ratten so
groß wie Hunde, heute sind
die Hunde so groß wie Ratten.

Zu viel Sauberkeit schreit
nach einer Menge Schmutz.

Die schönste Wohnung hat oft
den schmutzigsten Keller.

Ein Traumprinz zu sein
bedeutet nicht, perfekt zu
sein, es bedeutet vielmehr,
sich weiterzuentwickeln.

Wenn die Realität ein Spiel
ist, können Spiele auch die
Realität sein.

Früher hatten wir Öfen, die
unser Holz verbrannten, um
uns zu wärmen, heute haben
wir Fernseher, die unsere
Zeit verbrennen, um uns fett
werden zu lassen.

Um in Freiheit zu leben,
musst du kein Vogel sein,
aber du musst einen Vogel
haben, um zu denken, dass du
fliegen musst, um frei zu
sein.

Vögeln zu lauschen ist
niemals so befreiend wie
selbst zusammen zu
zwitschern.

Wer das Netz in den gleichen
Tümpel schmeißt, kriegt zu
oft alte Fische.

Wer eine Frau aus dem Osten hat, braucht keinen MacGyver auf DVD.

Wer im Baumhaus sitzt, sollte
nicht mit Motorsägen
jonglieren.

Wer auf dem eigenen Feld
schuftet, ist freier als der,
der auf fremdem Land ackert.

Lieber eigene Körner anbauen,
als im Käfig auf ein paar
Körner zu warten.

Das Ende der Sklaverei bringt
Leibeigenen mehr Wohlstand
und Wohlstand macht selbst
die Könige zu Sklaven.

Kippt man Wasser in die
Suppe, damit viele essen
können, leidet immer der
Geschmack.

Die besten Suppen werden
vorher immer reduziert.

Lieber Versalzenes essen, als
nur noch Salz zu essen.

Lieber ein Opfer von vielen
als einer von vielen, die
sich opfern.

Television ist nur ein
anderes Wort für aktive
Sterbehilfe.

Die Menschen, die man nicht
bereit ist kennenzulernen,
sind weniger Menschen, die
dazu bereit sind, einen
kennenzulernen.

Fremd sind Dinge nur so
lange, bis man dazu bereit
ist, etwas Neues zu tun.

Wer sich vor dem Leben
versteckt, versteckt sich
auch davor zu leben.

Ermögliche Angestellten
Konsum und sie werden wie
Sklaven nach Schlägen
betteln.

Was man nicht bereit ist zu
erfüllen, ist weniger welches
einem die Erfüllung schenkt.

Menschen ändern sich nicht,
sie werden nur alt.

Lieber arbeiten, um zu
sterben, als nicht zu
arbeiten, um zu leben.

Wer keine Kohle hat, muss mit
Scheiße heizen.

Pizzaschnecken sind die Survival-Nahrung der Online-Krieger.

Zäune sind für die Lämmer,
die geschlachtet werden.

Wer zerschnittene Jeans
trägt, kann sich keinen Used-
Look leisten.

Frauen, welche sich nicht die Nägel schneiden, haben kein Geld fürs Nagelstudio.

Wer rückwärts zählt, kommt
immer bei 0 raus.

Worte sind die Faustschläge
der Denker.

Leute, die ihr Shampoo selber
mixen, sind zu faul, um zum
Laden zu gehen.

Die Sprache ist der Schlüssel
zum Fortschritt.

Worte in der Sprache sind
Bilder im Kopf.

Wer nicht spricht und nicht
hört, hat nur Bilder im Kopf,
wenn er sieht oder fühlt.

Nichts zu haben ist auch
nicht schlecht.

Wir sind immer wir selbst,
nur meistens waren wir
jünger, als wir heute sind.

Schlag den Generälen die
Köpfe ab und die Armee wird
dir folgen.

Feinde, die uns vertrauen,
rechnen nicht mit einem
Hinterhalt.

Was wenige sehen, wird meist
zu jenem, was alle sehen.

Religion ist die beste
Möglichkeit, nicht mehr
denken zu müssen.

Ohne Wasser vertrocknen
Blumen und im Wasser fangen
sie an zu schimmeln.

Eva wurde aus der Rippe Adams geschaffen … damit er sich beim Fußballgucken nicht mehr selbst die neue Dose Bier aus dem Kühlschrank holen muss.

Die Heilige Schrift ist eine
800 Seiten lange Anleitung
für alle Menschen, die nicht
verstehen, wie man andere gut
behandelt.

Man kann nicht nach den
Sternen greifen, wenn man die
Hände voller Scheiße hat.

Es kann keine Ziele ohne
einen Weg geben.

Notizen